Dubai

lieben lernen

Der perfekte Reiseführer für einen unvergessli-
chen Aufenthalt in Dubai inkl. Insider-Tipps und
Packliste

Lena Sonnenberg

✈ INHALT

Die Perle am Persischen Golf

EIN WENIG GEOGRAPHIE

Dubai gehört zu den Vereinigten Arabischen Emiraten und liegt am Persischen Golf. Die Stadt ist mit circa 3.103.00 Einwohnern und einer Fläche von 4114 km² die größte Stadt der Vereinigten Arabischen Emirate und gehört zum Emirat Dubai. Das Emirat grenzt im Süden an Abu Dhabi, südöstlich an den Oman und im Nordosten an Sharjah. Um die Stadt an sich vom Emirat abzugrenzen wird Dubai auch oft „Dubai-City" oder Dubai

Stadt genannt. Der Persische Golf befindet sich im Westen von Dubai.

Die Einwohner der Stadt Dubai machen bereits ca. 85% aller Einwohner des gesamten Emirates aus. Fast das ganze soziale, wirtschaftliche, politische und kulturelle Leben findet hier statt. Außerdem ist Dubai eine der von Touristen meist besuchte Stadt weltweit. Damit ist der Tourismus die wichtigste Einnahmequelle für die Stadt.

Was macht die Stadt so besonders?
Dubai kann man eigentlich nur sehr schlecht in Worte fassen. Es ist die Stadt der absoluten Superlative. Die Stadt des Glitzers, Luxus und des Prunks. Die Stadt in der alles noch ein bisschen größer, höher und teurer sein muss als sonst irgendwo auf dieser Welt. Die Stadt mit den spektakulärsten Luxushotels, den größten Shopping-Malls und den unglaublichsten Bauvorhaben. Bereits bei der Fahrt auf Dubais Straßen erlebt man das erste Unglaubliche: überall Limousinen und luxuriöse Fahrzeuge. Selbst bei den glänzenden Straßen hat man den Eindruck, man fährt über Marmor. Im Hotel angekommen fällt im Bereich der Rezeption sofort der Duft nach Rosenwasser auf.

Man muss diese Stadt mit eigenen Augen gesehen haben. Deshalb kann ich Ihnen nur empfehlen die Eindrücke und Erlebnisse, ja sogar die Gerüche, mit eigenen Augen und allen Sinnen zu sehen, zu atmen und zu spüren. Hinzu kommt der krasse Gegensatz einer Stadt, die vom Islam und tief verwurzelten Traditionen geprägt wird. Frauen in Burkas und umhüllt mit seidenen Kopftüchern, Männer in weißen Gewändern, die manchmal umringt sind von mehreren Frauen, die er sein Eigen nennt. Der Ruf zum Gebet, der in regelmäßigen Abständen aus den Moscheen erklingt. Eine komplett andere Welt für uns westlich geprägten Europäer – und doch sehr spannend und gerade zu atemberaubend.

Ein Bauboom über mehrere Jahrzehnte hat Dubai zu der Stadt mit den weltweit meisten und höchsten Wolkenkratzern gemacht. Hier steht mit 828m auch das höchste Gebäude der Welt: Der Burj Khalifa. Von ganz oben hat man einen atemberaubenden Ausblick. Schon die rasante Fahrt mit dem prunkvollen Aufzug nach oben ist ein Erlebnis.

Es gibt künstlich aufgeschüttete Inseln und ein 7 Sterne Hotel, was durch all seinen Luxus schon als Sehenswürdigkeit einzustufen ist. Doch nicht nur der Luxus und die unglaublichen Sehenswürdigkeiten locken die Urlauber hier her, sondern auch die Sonne und der Strand. In den heißen Sommermonaten muss selbst das Wasser in den Pools gekühlt werden, damit man eine Erfrischung beim Baden hat.

Am Ende eines Urlaubs in Dubai bleibt vor allem eines: das Gefühl das Märchen von 1001 Nacht in unvergesslicher Weise erlebt zu haben. Sie werden auch nach Jahren noch von diesem EINEN wundersamen und tollen Erlebnis schwärmen und den Geruch nach Rosenwasser in der Nase haben.

VOM KLEINEN DORF ZUR WELTMETROPOLE – EIN BISSCHEN GESCHICHTE

Wer glaubt, Dubai war schon immer DAS Dubai was man heute kennt, der irrt. Wo heute spektakuläre Hochhäuser in den Himmel ragen herrschte dort früher nur Sand und Wüste. Noch in den 60er Jahren war Dubai ein wenig bedeutsames Beduinendorf mit gerade mal ein paar Tausend Einwohnern, das Dank seiner Lage am Meer vom Fischfang und der

Oasenwirtschaft lebte. Der wichtigste Wirtschafts-
zweig war die Perlentaucherei Erst mit der Entde-
ckung von Erdöl und dessen Export begann der gla-
mouröse Aufstieg dieser Stadt. Kaum eine andere
Stadt hat sich so rasant und in kürzester Zeit entwickelt und verändert wie Dubai.

Aber schon damals war Dubai ein wichtiges Bin-
deglied mit Einfluss zwischen Europa und Fernost
und ist es bis heute geblieben. Damals wie heute ist
der Dubai Creek die Lebensader der Stadt. Der Dubai
Creek, auch Al-Khor genannt, ist ein 12 Kilometer ins
Land reichende Meeresarm und der Grundpfeiler für
Dubai als Handelsstadt. Südlich des Creeks befindet
sich der Stadtteil Bur Dubai mit dem historischen
Viertel Bastakiya. Hier befinden sich die ältesten
Kaufmannshäuser des Emirats. Das Stadtviertel auf
Nordseite des Creeks nennt sich Deira. Beide Stadt-
viertel sind laut, lebhaft und orientalisch und es gibt
zahlreiche Souks mit Handelswaren aus Fernost.

Doch wie kam es eigentlich zu der unglaublichen
Entwicklung dieser Stadt? Kommen Sie mit auf eine
Zeitreise, um Dubais Geschichte zu entdecken. 1920
entwickelte sich Dubai zu einem wichtigen Ort für
den internationalen Handel und die Suche nach

Erdöl begann. Der bisher bestehende Perlenhandel ging nun nach und nach zurück und Dubai wurde zu einem der größten Umschlagplätze für persische und indische Waren. Dann wurde der Handel mit Öl zur wichtigsten Einnahmequelle der Emirate. Von Abu Dhabi aus wird 1962 das erste Mal Öl ins Ausland exportiert. Die Förderung und der Export von Öl in Dubai begann nur wenige Jahre später, in 1969. Mit dem Fund von Erdöl wurde Dubai schlagartig reich und veränderte die Stadt quasi über Nacht.

In den jüngsten Jahren wurde die Geschichte des Erdölbooms von gigantischen Bauvorhaben und dem Tourismus abgelöst, sogar überholt, was der Bau des Burj Al Arab 1999 und das Enden des Baus des Burj Khalifa in 2010 eindrucksvoll demonstrieren. Regiert wird das Emirat seit 2006 von Scheich Mohammed bin Rashid Al Maktoum

Das zukünftige Vorhaben Dubais ist es, die Weltmetropole zu einer „Smart-City" weiterzuentwickeln. Das bedeutet die Digitalisierung vieler Bereiche der gesamten Stadt wie z.B. bestimmte Bereiche der Stadt selbst oder aber auch der Infrastruktur. Projekte wie ein führerloser Nahverkehr, Taxi-

Drohnen oder Polizeiroboter sind nur der Anfang der Verwandlung zur „Smart-City".

Mein Tipp: Wenn Sie zu Besuch in Dubai sind und mehr über die Geschichte der Stadt erfahren möchten empfehlen ich einen Besuch des „Dubai Museums". Das Museum befindet sich im restaurierten Al Fahidi Fort und bietet einen schönen Überblick über die ganze Geschichte Dubais.

Kultur, Bräuche und Tradition – Das Leben der Einheimischen

Auch wenn Dubai eine sehr weltoffene Stadt ist, so ist die Metropole doch ganz klar sehr religiös ausgerichtet. Die vorherrschende Religion und somit auch Staatsreligion ist der Islam, der auch deutlich das Leben und den Alltag der Stadt und der dort lebenden Menschen prägt. Der Islam bildet das kulturelle Fundament und steht bei der gläubigen Bevölkerung im Mittelpunkt. Frauen tragen die traditionelle Bekleidung in Form von Abbaya und Sheila (Gewand und Schleier), die Männer sind in weiße Gewänder gehüllt und tragen einen Turban. Eben wie man es kennt aus 1001 Nacht. Es wirkt fremd, aber doch märchenhaft.

Der Islam gehört zu Dubai und so tönt fünf Mal am Tag der „Ruf zum Gebet" aus den Moscheen. Die Uhrzeiten verändern sich dabei immer wieder, denn die genaue Zeit der Gebete richtet sich nach dem Aufgang der Sonne. Die Gebete werden sogar im Radio übertragen. Auch wenn Dubai eine sehr weltoffene und gastfreundliche Stadt ist sollten Sie Liebesbekundungen in der Öffentlich vermeiden. Dazu zählt nicht nur das Küssen in der Öffentlichkeit, sondern auch das Halten der Hände. Muslimische Frauen dürfen keinesfalls fotografiert werden, auch wenn Ihnen der Anblick faszinierend erscheint. Dies kann unter Umständen sogar zu einer Strafe führen.

Ein wichtiges Ereignis im Rahmen des Islams ist der Fastenmonat Ramadan, der auch in Dubai nicht weniger zelebriert wird als in den übrigen islamischen Ländern. Der Ramadan zeigt die traditionelle Seite der pulsierenden Weltmetropole und steht für Besinnung und Verzicht, für Einkehr und für das Miteinander. Wenn die Stadt selbst zur Fastenzeit zwar weniger zu bieten hat als die übrige Zeit im Jahr, so bietet sie Ihnen als Tourist dennoch einen einzigartigen Einblick in die traditionelle Religion und die Kultur des Islams.

Einen Monat lang machen die Moslems „den Tag zur Nacht" und umgekehrt. Tagsüber ist es verboten in der Öffentlichkeit zu essen, zu trinken oder zu rauchen. Viele Bars oder auch Restaurants öffnen erst am Abend ihre Pforten, denn erst ab Sonnenuntergang ist Essen und Trinken während des Ramadans wieder erlaubt. Dann wird in der ganzen Stadt gefeiert und geschlemmt. Es gibt festliche dekorierte Zelte, in denen viele Leckereien angeboten werden, Hotels bieten grandiose Buffets an und in der ganzen Stadt wird auf den Straßen mit Musik und Tanz gefeiert.

Auf der anderen Seite ist Dubai mit seiner einheimischen Bevölkerung sehr offen und tolerant gegenüber anderen Religionen. Es sollte selbstverständlich sein, diese Toleranz als Gast in Dubai den dort lebenden Menschen ebenfalls entgegenzubringen. Die Zeit des Ramadans ist eine einzigartige Erfahrung für Touristen und zeigt das authentische Leben der Moslems, allerdings sollten Sie ein paar Grundregeln beachten. Natürlich müssen Sie als Tourist nicht auf Essen oder Trinken am Tage verzichten, aber es ist eine nette Geste und zeugt von Akzeptanz und Respekt wenn dies einfach eher hinter geschlossenen Türen stattfindet. Innerhalb der Hotels oder Restaurants dürfen Sie übrigens gerne weiterhin Schlemmen.

Beendet wird die Zeit des Fastens – der Ramadan – mit dem Fastenbrechen, dem „Eid al Fitr". Sollten Sie in dieser Zeit in Dubai sein verpassen Sie auf keinen Fall die Paraden und die zahlreichen Feuerwerke. Auch die Vorführungen der traditionellen Tänzen auf den großen Plätzen von Dubai sollten Sie sich dann unbedingt anschauen Der Eid al Fitr wird viel Tage lang auf Dubais Straßen gefeiert. Es wird geschlemmt und getanzt wo man hinschaut.

Mit dem Islam prägen auch Sitten und Traditionen Dubais Kultur. Es ist zum Beispiel nicht gerne gesehen, sich betrunken in der Öffentlichkeit zu zeigen oder in der Öffentlichkeit -außer in Bars und Restaurant- Alkohol zu konsumieren. Der Konsum von Alkohol ist im Islam generell verboten, wird aber in Dubai toleriert. Auch das Baden im Bikini und unverhülltes Spazieren durch die Stadt als Touristin ist kein Problem. Aber es ist respektvoll Schultern und Knie bedeckt zu halten.

Was für uns der Sonntag ist, ist in Dubai der Freitag. Der Freitag ist der heilige Tag der Woche an dem auch manche Geschäfte geschlossen haben.

Typisch Dubai

LUXUS UND UNGLAUBLICHES

Dubai ist bekannt als die Stadt der absoluten Superlative. Hier gibt es fast nichts, was es nicht gibt. Die Stadt trumpft mit den höchsten Gebäuden der Welt, mit künstlich aufgeschütteten Inseln und Stränden, Hotels mit Hai-Aquarium, mit riesigen Shopping-Malls und Kitsch den niemand brauch, der aber dennoch faszinierend ist.

Luxushotels

In Dubai gibt es eine Unmenge an Luxushotels, die sich durch die ganze Weltmetropole ziehen. Nirgend wo anders auf der Welt ist die Auswahl an spektakulären Luxushotels größer als hier. Von bezahlbar bis zu einem halben Vermögen kann es Sie hier für einen Aufenthalt in einem Hotel kosten. Bereits der Check-In in der riesigen Empfangshalle mit orientalischem Flair und den orientalischen Gerüchen, die einem fremd, aber faszinierend in die Nase steigen ist in Dubai ein Erlebnis. Selbstverständlich gibt es auch fast überall einen extra Service für Koffer und Auto. Auch bei den Speisen lassen sich die Hotels in Dubai nichts nehmen und bieten üppige Buffets und eine wahnsinnige Frühstücksauswahl, die es sonst nirgends gibt. Von Pancakes, über Omeletté-Variationen bis hin zu Sushi und traditionellen Speisen gibt es alles was den Gaumen erfreut.

Shopping – Souks und Malls
Ganz typisch für Dubai sind die zahlreichen riesigen Shopping-Malls, die die Stadt zu einem einmaligen Shopping-Paradies machen. In den glitzernden Shoppinghallen gibt es alles und für jeden Geschmack. Ob Designerkleidung oder Elektronik, Süßwaren oder Schmuck, hier gibt es alles was das Herz begehrt. Orientalische Gewürze und Parfüms findet man am besten in den Gassen und Straßen der

Souks, den traditionellen arabischen Bazaren. Ein ganz besonderes Erlebnis ist hierbei der Gewürz-Souk oder Gewürzmarkt in Dubai. Ein Besuch auf diesem Bazar ist ein Erlebnis der Sinne, denn es duftet nach unendlich vielen orientalischen Gewürzen, die Sie förmlich in Versuchung führen. Wie kleine Kunstwerke sind die bunten Hügel aus Gewürzen aufgeschüttet und leuchten dabei in allen verschiedenen Farben. Ein Erlebnis für alle Sinne.

Wintersport bei über 40Grad? Na klar!

In Dubai wird auch das möglich gemacht, was nicht möglich ist – nämlich Skifahren im Schnee bei Außentemperaturen von 40°Celsius. Eine gigantische Skihalle bietet ein unvergessenes Erlebnis mit echtem Schnee. Hier gibt es neben einer Halfpipe noch weitere fünf Pisten von unterschiedlicher Höhe, Steilheit und Schwierigkeitsgrad auf einer Gesamtfläche von 22.500m^2. Für Kinder und Eltern ist der Snow-Park eingerichtet in dem der Spaß auf Schlitten- und Bobbahnen nicht zu knapp kommt. Tags über herrschen in der Halle zwischen -1 - -2°Celsius. Der Schnee wird in der Nacht bei -7°C hergestellt

Toiletten

Auch der Gang zur Toilette ist in Dubai etwas Besonderes. Während man in Frankreich beispielsweise in die Hocke geht sitzt man in Dubai auf Toiletten mit goldverzierten Rändern in Luxusbädern.

Luxusautos und Nummernschilder

Nirgend wo anders auf der Welt sieht man so viele Luxusautos auf einem Fleck wie in Dubai. Von Maserati über Ferrari bis hin zu Limousinen jeder Art ist hier alles auf den Straßen anzutreffen, was Rang und Namen hat. Dabei haben die Nummernschilder eine ganz bestimmte Bedeutung und stehen für Prestige und Wohlhaben. Je kürzer die Zahl auf dem Nummernschild ist, desto reicher ist der Fahrer beziehungsweise der Besitzer. Das teuerste Nummernschild auf der Welt trägt die Ziffer 1 und ist umgerechnet ca. 10 Millionen Euro wert.

Reiseplanung

BESTE REISEZEIT – WETTER UND KLIMA

Dubai liegt am Persischen Golf und besteht zum größten Teil aus Wüste und einer kleinen Küstenregion. In Dubai herrscht das ganze Jahr über Hochsommer mit Sonne satt und sehr wenig Niederschlag. Das Klima ist geprägt von einer beständigen Hitze mit einer durchschnittlichen Jahrestemperatur von 27°Celsius. Die Sommermonate sind hier sehr heiß mit Temperaturen von oft über 40°Celsius. In den Wintermonaten herrschen angenehme Temperaturen zwischen 25 und

30°Celsius. Trockenheit, Hitze und wenig Nieder-schlag sind charakteristisch für ein sogenanntes „arides Klima", welches die Region kennzeichnet. In den Küstenregionen erreicht die Luftfeuchtigkeit in den Sommermonaten bis zu 80% und macht uns Europäern dort einen Aufenthalt unerträglich.

Sollten Sie in den Sommermonaten nach Dubai reisen erwarten Sie also extrem heiße Temperaturen, die sogar das Meer auf ca. 30°Celsius aufheizen und eine Abkühlung fast unmöglich machen. Während der Sommermonate herrscht daher in Dubai Nebensaison. Ein Aufenthalt zu dieser Zeit ist dann günstig, da die Hotelpreise zu dieser Zeit sinken. Die Räumlichkeiten in der Stadt sind natürlich vollklimatisiert. Wem die Hitze also nichts ausmacht kann in dieser Zeit richtige Schnäppchen machen. Für alle die Urlauber, die solch hohe Temperaturen nicht so gut vertragen empfiehlt es sich die Wintermonate Oktober bis April als beste Reisezeit zu nutzen.

Während es hier in Europa in dieser Jahreszeit ohnehin schmuddelig und kalt ist, bedeutet es für Dubai ein angenehmes Klima und sommerliche Temperaturen. Die Tage sind sonnig und warm und laden zum Baden ein, während die Nächte für ein wenig Abkühlung sorgen. Grade wer auch Ausflüge machen und die Stadt erkunden möchte sollte die Wintermonate zum Reisen nutzen.

Tipp: Das aktuelle Wetter und Vorhersagen für Dubai finden Sie immer auf der offiziellen Seite des NATIONAL CENTER OF METROPOLOGY DER VAE. Möchten Sie sich selber mal kurz ein Bild vom Wetter in Dubai machen können Sie auch über eine Live-cam schnell in der Weltmetropole vorbeischauen.

ANREISE NACH DUBAI-CITY – TIPPS FÜR DIE PERFEKTE REISEPLANUNG

Die einfachste und entspannteste Möglichkeit nach Dubai zu gelangen ist die Anreise per Flug. Es gibt von Deutschland aus einige Flughäfen, von wo Sie mit Direktflügen mit der Airline Emirates oder Lufthansa zur Weltmetropole gelangen. Diese Flughäfen sind:

-Frankfurt am Main

-München

-Düsseldorf

-Hamburg

-Leipzig/Halle

-Stuttgart

-Nürnberg

Tipp: Buchen Sie beim Flug unbedingt einen Fensterplatz. Beim Einschwenken des Flugzeugs können Sie das glitzernde Meer sehen und erhalten einen atemberaubenden Blick über die ganze Küste, die Skyline und Jumeirah Beach, die künstliche Palmeninsel. Der Flug nach Dubai dauert ca. 6 Stunden und ist bereits ein Erlebnis. Emirates glänzt mit extravaganter Kabinenausstattung, tolle Bordunterhaltung mit Bildschirmen hinter jedem Sitz und leckeren Menüs. Wer es sich leisten kann, hat die Möglichkeit bereits hier Luxus in den privaten Suiten mit Duschen genießen. Ob für die Einreise ein Visum nötig ist und welche Einreisebestimmungen gelten können Sie am besten online nachlesen und bewahrt Sie unter Umständen vor unangenehmen Situationen. Ebenso gilt dies für die Zollbestimmungen.

Bei der Einreise nach Dubai bzw. in die Vereinigten Arabischen Emirate erhalten deutsche Staatsbürger ein Touristenvisum. Dieses ist ab dem Stempeldatum 6 Monat gültig und erlaubt den Aufenthalt für 90 Tage in den Vereinigten Arabischen Emiraten und die mehrmalige Einreise. Wichtig ist hierbei, darauf zu achten, dass Ihr Reisepass ab dem Einreisedatum noch weitere 6 Monate gültig sein muss.

Vorsicht: Die Einreise mit einem vorläufigen Reisepass ist nicht mehr möglich!

Bei der Einreise dürfen bis zu 400 Zigaretten, 50 Zigarren, 500 Gramm Tabak oder vier Liter Alkohol (gilt nur für Nicht-Muslime) mit im Gepäck transportiert werden. Strenge Strafen gibt es für die Einfuhr von Drogen, Falschgeld oder pornografischem Material. *Achtung:* Bereits sehr freizügige Bilder auf Zeitschriften können hier als pornografisch angesehen werden!

Bei der Ausreise gelten die Europäischen Zollbestimmungen:

-Tabak: 200 Zigaretten, 100 Zigarillos, 50 Zigarren, 250 Gramm Tabak. Komplett verboten sind E-Zigaretten und Liquids.

-Textilien, Schmuck oder Gold: zollfrei bis 430 Euro.

Achtung: Keine Muscheln, Korallen oder sonstigen Fundstücke mit außer Landes nehmen. Auch das ist verboten und kann im schlimmsten Falle zu großem Ärger führen.

Verkehr und Infrastruktur

METRO

Dubai bietet mit einem umfassenden Stra-
ßen- und Öffentlichen-Nahverkehrs-Netz
verschiedene Möglichkeiten des Transpor-
tes in Dubai. Dabei ist wohl Dubais Metro die einfachste, schnellste und auch günstigste Art die Stadt
zu erkunden. Außerdem können Sie bei den teil-
weise oberirdischen Fahrten bereits erste Eindrücke
der schillernden Stadt bekommen. Die Metro Dubai
ist ein hochmodernes, vollautomatisches und

führerloses Verkehrssystem auf einem rund 75 Kilometer langen Streckennetz. Die Züge der Metro verbinden sowohl die City mit dem Flughafen als auch eine Vielzahl wichtiger Punkte innerhalb der Stadt. Das Streckennetz besteht aus einer grünen und einer roten Linie. Die Metro ist mit zwei weiteren kleineren Schienenbahnen verbunden, der Palm Monorail und der Dubai Tram.

WASSERTAXI

Eine weitere sehr günstige und besondere Art der Fortbewegung in Dubai ist der Transport mit den „Abras", dem Wassertaxi. Die Abras sind kleine Holzboote, die Sie als traditionelles Fortbewegungsmittel mit auf eine Zeitreise nehmen. Die offenen Holzboote haben Platz für 20 Passagiere. Genaue Ab- oder Anlegeuhrzeiten gibt es nicht. Sobald sich genug Teilnehmer eingefunden haben geht es hinüber auf die andere Seite des Creek wo Sie in den vielen Souks orientalisches Treiben erleben und viele Spezialitäten aus Fernost entdecken dürfen.

Tipp: Stecken Sie etwas Kleingeld ein, denn eine Fahrt mit den Abras kostet gerade mal 1 Dirham.

STADTBUS

Natürlich können Sie die Stadt auch mit dem Bus erkunden. Hierfür gibt es zahlreiche klimatisierte Bushaltestellen, die Ihnen das Warten etwas leichter machen. Eine schöne Alternative zum herkömmlichen Linienverkehr sind die Hop-on/Hop-off Busse. Die doppelstöckigen Busse halten an fast allen wichtigen Stellen und Sehenswürdigkeiten in der Stadt.

MIETWAGEN

Auch mit einem Mietwagen können Sie sich auf Dubais Straßen fortbewegen. Voraussetzung für das Mieten eines Autos ist ein internationaler Führersein, ein gültiger Reisepass, sowie eine Kreditkarte und eine Haftpflichtversicherung. Genießen Sie zum Beispiel einen Tag lang vollen Luxus und leihen Sie sich einen Bentley, Ferrari oder Maserati, ganz im Stile von Dubai.

TAXIS

Ein weiteres beliebtes und recht preiswertes Fortbewegungsmittel ist das Taxi. Ein Taxi können Sie in

Dubai zu jeder Tages- oder Nachtzeit bestellen oder Sie können bereits im Voraus eins reservieren. Der Nachteil hierbei ist allerdings, dass Dubais Straßen während der Rush-Hour oft sehr überfüllt sind und das Vorankommen dann nicht ganz so schnell geht.

Doch Dubai wäre nicht Dubai, wenn die Stadt für dieses Problem nicht auch schon eine Lösung parat hätte. Mit selbstfliegenden Taxis können die Passagiere bald über die überfüllten Straßen und die Staus hinwegfliegen. Bereits 2017 wurde die erste Taxis-Drohne erfolgreich getestet und bis 2021 soll der autonome Flug-Service in Betrieb genommen werden.

ÜBERNACHTEN IN DUBAI - DIE BESTEN HOTELS

Mit mehr als 350 Hotels und über 41000 Zimmern, sowie 165 Apartmenthotels bietet Dubai für jeden Geschmack die richtige Möglichkeit der Übernachtung. Und ständig erhöht sich diese Anzahl.

Ob Luxushotels mitten in der City, Familienhotels am Strand oder Beach-Hotels an der Küste, es gibt zahlreiche tolle Möglichkeiten der Unterbringung. Selbst das Erlebnis unter klarem

Sternenhimmel zu übernachten und zu leben wie ein Beduine – okay, wie ein moderner Beduine – ist in Dubais Wüstenhotels möglich. Und der Bau neuer Top-Resorts nimmt kein Ende. Oftmals überbieten sich die Hotels in Dubai in ihrer prunkvollen Ausstattung und Pracht. Gold, Marmor und Glas verzieren die Gebäude und größer und höher muss es natürlich sein.

Viele Hotels in Dubai sind so pompös, dass sie bereits als Sehenswürdigkeiten gelten und beliebte Anlaufstellen für Touristen sind, wie z.B. das Burj Al Arab, The Palm Dubai, das Atlantis oder die Jumeirah Emirates Towers. Eine Vielzahl der Hotels ist mit der 5-Sterne-Kategorie eingestuft und zählen damit zu den Luxushotels. Dabei gibt es sogar Hotels, die auf Grund ihrer enorm luxuriösen Ausstattung und der Qualität unter der Hand als 6-Sterne Hotels bezeichnet werden. Das Burj Al Arab wurde sogar in Dubai mit 7 Sternen benannt und die Jumeirah-Unterkünfte, die im Besitz der Herrscherfamilie sind, übertreffen das allgemeine 5-Sterne-Niveau ebenfalls in höchstem Maße. Die meiste Zeit des Jahres sind die Hotels in Dubai gut ausgelastet.

Während der heißen Sommermonate hingegen sinken die Hotelpreise um 60%, da die Auslastung zu dieser Zeit sehr gering ist. Auch während des Ramadans bieten viele Hotels günstige Sonderpreise an, da zu dieser Zeit nur sehr wenige arabische Gäste unterwegs sind.

Bei der Planung des Urlaubs spielt die Hotelwahl keine unwesentliche Rolle. Man möchte sich verwöhnen lassen, Service genießen und einfach entspannen. Dubai hat alles, was das Herz begehrt. Wenn man sich vielleicht auch nicht jedes Hotel in Dubai leisten kann, so lohnt es sich in jedem Fall den imposanten und luxuriösen Gebäuden einen Besuch abzustatten, denn Dubai hat die außergewöhnlichsten und schönsten Hotels der Welt. Einen Überblick, welche Hotels Sie keinesfalls verpassen dürfen oder welche sehr zu empfehlen sind finden Sie im Folgenden:

Ein Hotel der absoluten Spitzenklasse und eines der außergewöhnlichsten Hotels in Dubai ist das **Atlantis The Palm, Dubai**. Es liegt direkt am Strand Jumeirah Beach auf der künstlichen Palmen-Insel The Palm Jumeirah. Das Hotel trumpft mit einigen Attraktionen. So gibt es dort z.B. einen großen

Wasservergnügungspark, in dem Wasserratten so richtig auf ihre Kosten kommen. Doch nicht nur für Spaß IM Wasser ist im Atlantis The Palm gesorgt. Eine riesengroße Unterwasserwelt mit über 65.000 Tieren sorgt auch außerhalb vom Wasser für Spannung und Abwechslung. Und es wird noch besser: in den dazu gehörenden Unterwasser-Suiten kann man sogar direkt unter Wasser übernachten und die Fische in der Unterwasserwelt beim Spielen beobachten. Ein großer SPA- und Wellnessbereich rundet den Luxus ab. Eine weitere Besonderheit ist die Royal-Bridge-Suite. Diese Suite bietet Wohnraum auf fast 1.000m^2 und hat sogar eigene Köche.

Wer sich gerne mal etwas abseits der Stadt aufhalten möchte und dem Leben in der Wüste als Beduine näher kommen möchte, der sollte im **Bab al Shams Desert Resort** seinen Urlaub verbringen. Das Resort erreicht man mit dem Auto vom Flughafen Dubai innerhalb von 45 Minuten. Das Hotel vereint modernes Design mit traditioneller arabischer Architektur und ist optisch ein Hingucker. Liebevolle Wandmalerei und prunkvolle orientalische Kissen runden die luxuriöse Einrichtung ab. Passend zur Location bietet das Resort unterschiedliche tolle Aktivitäten an, wie z.B. Kamelreiten oder Wüstensafaris mit dem Jeep. Die Restaurants des Resorts bieten traditionelles arabisches Essen und auch internationale Speisen an.

Wer Bade- und Städteurlaub gerne kombinieren möchte ist im **Sofitel Dubai The Palm Resort und SPA** genau richtig. Das 5-Sterne-Hotel hat hierfür die perfekte Lage und bietet einen super Ausgangspunkt. Es liegt im östlichen Außenring der weltberühmten Insel „The Palm Jumeirah", direkt am Strand, und man erreicht in nur 20 Minuten mit dem Taxi zahlreiche Geschäfte, die Strandpromenade „The Beach" oder die Flaniermeile „The Walk. Das Hotel selbst lädt mit mehreren Swimmingpools zur Abkühlung ein und hat einen hoteleigenen Privatstrand mit einem überwältigenden Blick auf die Skyline.

In luxuriöser Lage wohnt man am Stamm der künstlich angelegten Palmeninsel Jumeirah, im **Fairmont, The Palm**. Das 5-Sterne Luxusresort verbindet in seiner Bauweise modernstes Design mit eleganter arabischer Tradition und bindet orientalische Elemente in den palastähnlichen Bau ein. Eine große Poollandschaft und ein frei zugänglicher Privatstrand laden auch hier zum Baden und Entspannen ein. Außerdem bieten die Suiten einen wunderschönen Blick auf den Persischen Golf.

Direkt gegenüber des Burj Khalifa, dem höchsten Gebäude der Welt, und Mitten in Dubais Stadtteil Downtown befindet sich das Luxushotel **The Adress Downtown Dubai.** Das Hotel verfügt über eine exquisite Poollandschaft mit einer Größe von 1.000m^2 und bietet einiges an extra Service wie zum Beispiel eine hoteleigene Flughafenlounge. Eine Oase aus Golfplatz und großer Poollandschaft bilden das Herz des Hotels und sind direkt ans Meer und den weißen Sandstrand angeschlossen. Das Hotel wurde 2018 neu renoviert und damit noch attraktiver. Mit 220 Zimmern und Suiten, einem SPA und neuen Restaurants erstrahlt das Hotel in neuem Glanz.

Der Inbegriff für Dubai ist sicher das allseits bekannte **Burj Al Arab Hotel**. Es befindet sich auf einer eigenen kleinen Privat-Halbinsel und ragt als segelförmige Silhouette in die Luft. Das Burj Al Arab steht für Luxus ohne Grenzen und gilt als eines der schönsten Hotels Dubais. Es gibt fast nichts, was das Hotel nicht bieten kann, und kaum ein Wunsch der Gäste bleibt offen. Sie können sogar mit einem Helikopter vom hoteleigenen Hubschrauber-Flugplatz starten. Außerdem legt das Hotel großen Wert auf Umweltschutz. Verletzte Meeresschildkröten werden bis zur Genesung in einem eigenen Aquarium aufgenommen und anschließend wieder ausgewildert. Auch daran dürfen die Gäste natürlich teilhaben.

Im höchsten Gebäude der Welt verbirgt sich über 11 Etagen ein weiteres der schönsten Hotels Dubais, das von Giorgio Armani eigens entworfene **Armani Hotel**. Das Design des Armani Hotels orientiert sich an japanischer Eleganz mit Grau-, Weiß- und Schwarztönen. Bambus und dunkles Teakholz zieren die Ausstattung der Räume. Natürlich ist der Ausblick aus diesem Hotel das absolute Highlight.

Wenn Sie etwas thailändisches Flair in Ihren Urlaub mit hinein bringen wollen, ist das **Anantara Dubai**

The Palm SPA & Resort genau das Richtige. Das Hotel befindet sich auf der Insel The Palm Jumeirah. Man wohnt hier ganz in asiatischer Eleganz in Holzbungalows, die auf Stelzen gebaut sind. Die Überwasser-Villen ermöglichen es den Gästen nicht nur in tollem Ambiente zu übernachten, sondern auch als einziges Hotel Dubais, gleich nach dem Aufstehen von ihrem Häuschen direkt ins warme Meer zu steigen. Wer lieber die Vorzüge des Pools genießen möchte, kommt im großen Infinity-Pool voll auf seine Kosten. Das Hotel bietet thailändische und chinesische Küche und wer möchte kann an einem thailändischen Kochkurs teilnehmen.

Dieses Hotel bietet „Urlaub im Urlaub" und zeigt eindeutig, dass Dubai die einzige Stadt ist, die es schafft, den Charme der ganzen Welt in sich zu tragen.

Am westlichen Rand der Insel The Palm Jumeirah befindet sich eines der edelsten Hotels Dubais, das **One & Only The Palm**. Ein Hotel, was den Traum von 1001 Nacht wahr werden lässt. Weiße Säulen mit Blumenmuster, die scheinbar freischweben, goldene Türen mit Gravuren und die Dachterrassen erleuchten im romantischen Kerzenschein.

Tipp: Die hoteleigene Bar 101 Bar und Lounge gehört zu den angesagtesten der Stadt. Von hier aus haben Sie einen atemberaubenden Blick auf die Skyline und man kann die schönsten Sonnenuntergänge erleben.

Wer seine Tage gerne in etwas Ruhe und Abgeschiedenheit verbringen möchte sollte einen Aufenthalt im **All Maha Desert Resort** planen. Das Wüstenhotel war das Erste dieser Art und ist dem Leben der Beduinen nachempfunden. Es liegt in einer Palmenoase mitten in der Wüste und Sie wohnen hier in freistehenden luxuriösen Zelt-Suiten, die mit arabischem Equipment wie Holztruhen, Antiquitäten und orientalischen Teppichen ausgestattet sind. Die Suiten erinnern an die Zelte der Beduinen. Das Hotel bietet natürlich auch einen Pool, der zum Erfrischen und Entspannen einlädt. Außerdem ist jedes Zimmer mit einem Fernglas ausgestattet, damit Sie die vom Aussterben bedrohten Oryx-Antilopen beobachten können.

Ebenfalls auf der künstlichen Palmeninsel The Palm Jumeirah befindet sich das **Kempinski Hotel The**

Palm Jumeirah. Gäste zählen das Hotel zu den besten Hotels in Dubai. Das Hotel erinnert mit seiner Architektur an die Traumschlösser der Disney-Filme. Besonders ins Auge sticht der riesige Swimmingpool, der sich auf einer Fläche von 1.200m^2 erstreckt, und der 500m lange weiße Privatstrand.

Dubai als Tourist entdecken

WAS MAN KEINESFALLS VERPASSEN DARF! – SEHENSWÜRDIGKEITEN UND ATTRAKTIONEN

Dubai ist eine aufregende Stadt mit tausenden von spannenden Ausflugsmöglichkeiten. Ob eine typische Stadtrundfahrt, Wüstensafaris oder der Blick über die Stadt von oben - in Dubai ist alles möglich. Die Möglichkeiten sind genau so vielseitig, wie die glitzernde Stadt selbst. Jeder findet hier sein individuelles Ausflugsziel.

Burj Khalifa

Das wohl bekannteste und beliebteste Ausflugsziel ist das Dach von Dubai, der Burj Khalifa. Der Burj Khalifa ist das höchste Gebäude der Welt und kaum zu übersehen. Er ragt mit 828m in die Höhe und führt die Skyline der Stadt an. Von der Aussichtsterrasse der 124. Etage – At The Top, Burj Khalifa Sky - hat man einen atemberaubenden Blick über ganz Dubai. Hier in 555m Höhe befindet man sich auf der höchsten Freiluft-Terrasse der Welt.

Tipp: Einfach unvorbereitet zum Burj Khalifa gehen und an einer Tour teilnehmen ist nicht empfehlenswert, da immer Betrieb ist und die Ticket-Anzahl begrenzt ist. Daher sollten Sie ihre Burj Khalifa Tour samt den Tickets besser im Voraus planen und buchen. Auch sollten Sie frühzeitig dort sein, um lange Warteschlangen zu vermeiden. Achten Sie bei Ihrem Besuch des Burj Khalifa darauf, dass Sie das Gebäude bei klaren Wetterverhältnissen besuchen, sonst könnten Sie von der nicht vorhanden Aussicht enttäuscht sein.

Dubai Aquarium/Dubai Mall

Ein unvergleichliches Shopping-Erlebnis finden Sie direkt neben dem Burj Khalifa. Die riesige Dubai Mall ist nicht nur einfach ein Shopping-Zentrum. Es bietet so viel, dass Sie es nicht schaffen werden, alles an einem Tag zu erkunden. Neben 1.200 Geschäften und 150 Restaurants bietet die Dubai Mall außerdem einen Indoor-Vergnügungspark, einen großen Wasserfall mitten im Gebäude und sogar eine Eislaufbahn. Doch das Highlight der Anlage ist das integrierte Dubai Aquarium mit Unterwasser-Zoo. Während Sie shoppen, können Sie in dem Aquarium mit 10 Millionen Litern Wasser das bunte Treiben der Wasserbewohner und die schöne Unterwasserwelt beobachten. Wer viel Mut hat, kann sogar in einem Tauchgang die Tiere im Wasser besuchen. Andernfalls können Sie die ungefährlichen Haie auch vom Beckenrand aus füttern.

Dubai Miracle Garden

Etwas außerhalb des Zentrums liegt der größte Blumengarten der Welt und ist ein wahres Wunderwerk aus bunter Farbenpracht. Auf 72;000m² sind mehr als 45:000 Blumen zu sehen, die zu Skulpturen zusammengesetzt sind und Nachbauten unterschiedlicher Vorlagen, wie z.B. einem Flugzeug der Emirates Airline, sind.

Dubai Fountains am Burj Khalifa

Die Dubai Fountains sind - wie sollte es auch anders sein - der weltweit größte Springbrunnen, der im 30-Minuten Takt zu einem weltberühmten Spektakel wird. Der Brunnen befindet sich direkt am Fuße des Burj Khalifa und vor der Dubai Mall und ist integriert in den künstlich angelegten See Burj Dubai. Alle halbe Stunde kann man hier eine beeindruckende Wassershow sehen. Die Fontänen schießen im Takt passend zu Michael Jackson oder Celine Dion bis zu 150m hoch und werden mit atemberaubenden Lichtern in Szene gesetzt. Zwei Shows werden am Nachmittag geboten, die abendlichen Shows beginnen bei Sonnenuntergang und können bis 23:00 Uhr bestaunt werden. Dieses Event verspricht Gänsehaut und wird definitiv einer der unvergesslichsten Momente Ihres Aufenthaltes in Dubai sein und ewig in Erinnerung bleiben.

The Palm Jumeirah

The Palm Jumeirah ist die künstlich aufgeschüttete Insel in Form einer Palme, die wohl zu Dubais bekanntesten Projekten gehört. Es ist das Erste, was man bereits weit aus der Luft im Flugzeug während des Anfluges sehen kann. The Palm Jumeirah gehört zu den größten künstlichen Inseln der Welt und zeigt die Genialität der Menschen. Hier liegen erstklassige Luxus-Hotels direkt am Strand wie z.B. das berühmte Atlantis, The Palm, das One&Only oder das Fairmont. Durch ein Schienensystem entlang des Stammes der Palmeninsel und ein Straßenbahnsystem ist die Insel bestens und schnell mit der Stadt verbunden.

Burj Al Arab

Der Burj Al Arab ist das sagenumwobene Luxushotel, welches auf einer künstlich aufgeschütteten Insel 300m vor Dubais Strand im Meer steht. Seine charakteristische Form eines aufgeblähten Segels kennzeichnet das Gebäude und macht es zum Wahrzeichen Dubais. Das Gebäude ist neben dem Burj Khalifa eines der bekanntesten Gebäude der Welt und zählt zu den Top Sehenswürdigkeiten Dubais.

Souks

Wer gerne auf Zeitreise gehen möchte, darf keinesfalls einen Besuch in einem der zahlreichen Souks, den arabischen Bazaren, verpassen. Hier kann man erleben, wie es in Dubai zugegangen sein muss, als die Stadt noch Handelsstadt war. Buntes Treiben, orientalische Gerüche, Gewürze, die man noch nie gesehen hat, die lebhaften Souks bieten ein Erlebnis mit tausend Eindrücken.

Besuchen Sie zum Beispiel den Gold Souk, einen der größten Goldmärkte weltweit. Egal wo man hinschaut, es glitzert und blinkt. Der Schmuck hier ist wesentlich günstiger als bei uns in Deutschland, aber dennoch in seiner Qualität gut. Wer den Duft des Orients erleben möchte. muss vom Gold Souk aus einfach nur seiner Nase folgen. Die vielen Gewürze des Gewürz-Souks riecht man schon von weitem und ist vom Gold Souk aus zu Fuß zu erreichen. Dieser Souk ist einer der schönsten der Stadt.

Tipp: Auf diesen beiden traditionellen Souks gibt es keine Festpreise. Hier heißt es also handeln was das Zeug hält, denn ein Preisnachlass von bis zu 40% kann drin sein.

In der Nähe des Burj Al Arab befindet sich ein etwas modernerer Souk, der für Touristen auch sehr interessant ist, der Souk Madinat Jumeirah. Dieser Souk hat 75 Geschäfte und unzählige Restaurants zu bieten. Man sollte allerdings wissen, dass die Preise hier etwas höher sind und man auch nicht handeln kann. Hier muss man die angegebenen Preise bezahlen.

Sucht man Kleidung, sollte man dem Textil-Souk einen Besuch abstatten. Hier bekommt man Samt und Seide in guter Qualität zu günstigen Preisen. Einer der neuesten und modernsten Souks ist der Souk al Bahar in Downtown Dubai. Dieser befindet sich in nächster Nähe zum Burj Khalifa und der Dubai Mall. Hier gibt es mehr als 130 Geschäfte und die Preise sind wieder etwas höher, da hier natürlich sehr viele Touristen unterwegs sind.

Geheimtipp: Deutlich günstiger ist der Bur Dubai Souk. Hier findet man nicht so viele Touristen, da diese eher nur die bekannten Souks aufsuchen. Hier kann man wieder handeln und ganz sicher ein Schnäppchen mit nach Hause nehmen. Aber seien Sie auf der Hut, die Händler können hier auch schnell lästig werden, denn man wird Sie sofort als Tourist erkennen und dies ausnutzen. Natürlich wollen die Händler was verkaufen.

Wüstensafari

Wer in Dubai ist, der sollte unbedingt eine Wüsten-safari machen. Nur wenige Kilometer vom bunten Luxustrubel entfernt erwartet Sie die arabische Wüste. Wüste, wie man sie sich nur aus den Märchen von 1001 Nacht kennt, oder wie man sie vielleicht mal in Filmen im Fernsehen gesehen hat. Auch die Wüstensafaris sind in Dubai einzigartig. Es gibt ver-schiedene Touren, die Sie durch die Wüste bringen, doch am besten erleben Sie die Magie des Orients bei der aufregenden Fahrt durch die Dünen mit an-schließender Bauchtanzvorführung, Hennamalerei, Kamelreiten und einem Barbecue im Camp. Natür-lich können Sie die Wüste auch auf eigene Faust er-kunden. Und wem ein Tag in der Wüste nicht reicht, der kann die Nacht zwischen Dünen in einem der Wüstenhotels, dem Al Maha Desert Resort & SPA, o-der dem Bab Al Shams Desert Resort & SPA, verbrin-gen.

The World

Eines der verrücktesten, größten und milliarden-schwersten Projekte in Dubai war die Erschaffung der „The World Islands": Ein Gebiet aus 300 aufge-schütteten kleinen Sandinseln, die die Anordnung der Weltkarte nachbilden sollten. Doch leider kam es im Laufe der Zeit vor einigen Jahren auf Grund finanzieller Probleme zum Baustopp, der noch bis heute andauert. Und leider haben die Jahre ohne Ausbau bereits erste Spuren hinterlassen, so dass Witterung und Erosion die Grenzen der Inseln schon weggespült haben. Manche Länder existieren nicht mal mehr. 291 der 300 Inseln sind bis heute unentwickelt und einfach nur Hügel aus Sand. 2016 wurden neun Inseln weiterentwickelt, von denen aber auch nur zwei wirklich genutzt werden. Auf der einen Insel befindet sich der Royal Island Beach Club und auf der anderen eine Luxusvilla mit Hubschrauberlandeplatz. Man geht davon aus, dass hier die Herrscherfamilie ansässig ist.

Helikopter Rundflug – Dubai aus der Luft

Ein absolutes Erlebnis ist es, Dubai aus der Vogelperspektive zu sehen. Vom Helikopter aus haben Sie einen atemberaubenden Blick über die Skyline, über das Meer und über die Wüste des Emirats. Es gibt vier verschiedene Touren von unterschiedlicher Dauer, die unterschiedliche Attraktionen anfliegen. Natürlich sind die Rundflüge wetterabhängig.

Tipp: Seien Sie 45 Minuten vor Abflug am Helikopter-Startplatz und vergessen Sie Ihren Reisepass nicht.

Dubai Marina und The Beach (JBR)

Dubai Marina ist wie man es von Dubai kennt der größte von Menschenhand geschaffene Yachthafen der Welt. Hier befinden sich auch einige der größten Wohnhäuser der Welt. Im Stadtteil Dubai Marina befindet sich die Jumeirah Beach Residence, ein großer luxuriöser Wohnhauskomplex. Entlang dieser Wohneinheit liegt auch „The Walk", die Flaniermeile Dubais, die wie eine Promenade mit zahlreichen Cafés, Restaurants und Geschäften für Abwechslung sorgt. Der angrenzende Strand, JBR Beach, ist einer der schönsten von ganz Dubai.

DUBAIS SCHÖNSTE STRÄNDE

Die Stadt der Superlative hat nicht nur tolle Sehenswürdigkeiten zu bieten, sondern auch das richtige Angebot für Sonnenanbeter. Wie sollte es auch anders sein, hat Dubai die schönsten Strände, die man sich vorstellen kann, mit weißem, feinen Sand und türkiesblauem Wasser. Für alle Interessen gibt es den passenden Strand, egal ob für die ganze Familie, Sportliebhaber oder für Ruhesuchende.

The Beach JBR

Wie bereits erwähnt, liegt dieser Strand direkt an der Promenade The Walk. Der Strand hat einiges zu bieten und ist nicht nur einfach ein Badestrand. Hier kann man sich in einem aufblasbaren Wasserpark, Dubai AquaFun, austoben, oder die zahlreichen Wassersportangebote nutzen. Von Bananenbooten über Kamelreiten und vielem mehr eignet sich dieser Strand vor allem für Familien, denn hier kommt garantiert keine Langeweile auf.

Kite Beach

Wer es gerne etwas sportlicher haben möchte, ist an diesem Strand genau richtig. Unter anderem ist der Strand, wie es der Name schon sagt, beliebt zum Kitesurfen. Sie können auch gerne an einer Partie Beach-Volleyball teilnehmen oder Ihr Können beim Kajakfahren unter Beweis stellen. Auch an Land gibt es ein schier endloses sportliches Angebot wie zum Beispiel Skaten in einem Skate-Park oder Trampolinspringen. Natürlich ist auch für Essen an den zahlreichen Strandbuden bestens gesorgt. Genießen Sie das Sportangebot an Land und zu Wasser und genie-ßen Sie einfach den Tag.

Tipp: Machen Sie eine Pause im Café Salt. Es befindet sich am Strand im Street-Food-Style und hat die besten Beef-Burger der Stadt zu bieten.

The Public Beach

Nicht weit vom Kite Beach entfernt befindet sich der wohl bekannteste Strand, der Public Beach. Der flachabfallende und feinsandige Strand ist perfekt für Kinder. Von hier aus hat man einen tollen Blick auf das Wahrzeichen Dubais, den Burj Al Arab.

Tipp: Wer gerne auf Liegen und unter Sonnenschirmen liegt, sollte diese lieber selber mitbringen, denn ausleihen kann man hier nichts.

Black Palace Beach

Wer es gerne etwas ruhiger mag und atemberaubende Sonnenuntergänge erleben möchte, sollte einen Tag an diesem Strand verbringen. Der Strand ist nicht so leicht zu finden, dafür aber wunderschön und man kann hier für einen Augenblick dem hektischen Treiben der Stadt entkommen.

The Palm Jumeirah – Anantara Beach

Direkt an der künstlich aufgeschütteten Palmeninsel The Palm Jumeirah befindet sich der luxuriöseste Strand ganz Dubais, der Anantara Beach. Hier reihen sich Luxushotels und Luxusvillen aneinander und ein Aufenthalt hier lässt das Gefühl aufkommen, man befände sich in einer anderen Welt. Man findet sich an einem traumhaften Strand wieder, mit türkisem Wasser, feinstem weißen Sand und einem tollen Blick auf die Skyline von Dubai. Hier gibt es Südseefeeling satt. Wer sich einen Urlaub im Anantara Dubai The Palm Resort & SPA leisten kann, der kommt zusätzlich noch in den Genuss des hotelansässigen Privatstrandes, der als schönster ganz Dubais gilt. Nehmen Sie sich eine Hängematte und genießen Sie einfach.

La Mer

La Mer ist die neueste Strandlocation in Dubai und bietet neben Sonne und Strand auch ein großes Angebot an Outdoor-Aktivitäten, wie zum Beispiel Wake- oder Flyboarden oder auch Kajakfahren. Außerdem reihen sich hier exzellente Bars und Restaurants sowie eine Vielzahl an Boutiquen aneinander. Für Kinder gibt es einen tollen Outdoor-Trampolin-

Bereich. Hier können Sie einen ganzen Tag entspannen und die Lässigkeit und Eleganz dieses Strandes genießen.

KULINARIK – EMIRATISCHES ESSEN – DIE BESTEN RESTAURANTS

Das Essen Dubais ist genau so vielfältig wie die Stadt selbst, es ist quasi ein kulinarisches Paradies. Geprägt von indischen Gewürzen, persischen Zutaten und der ursprünglichen Lebensweise der Beduinen geben die Einflüsse der Küche Dubais ihre Einzigartigkeit. Wie es immer so schön heißt: Essen verbindet, denn so kann man ein Land erst richtig kennenlernen. Und jede Mahlzeit in Dubai endet obendrein noch mit einer himmlischen Nachspeise, wie es sie nur im Orient gibt. Am beliebtesten bei den Touristen sind sicher die opulenten Frühstücksangebote in den vier und fünf Sterne Hotels.

Große Buffets mit einer noch größeren Auswahl an internationalen und arabischen Speisen laden definitiv zum Gaumenschmaus ein und bieten alles von Pancakes, über Sushi bis hin zu Omelett. Kultstatus hat auch schon das Brunch-Erlebnis namens „Freitagsbrunch" in Dubai erreicht. Jeden Freitag und mittlerweile auch Samstag bieten Restaurants in der ganzen Stadt die berühmten All-Inclusive-Buffets mit außergewöhnlichen Festtagsmenüs und kulinarischer Vielseitigkeit an. Meistens dauern die Brunches circa vier bis fünf Stunden und Dubai wäre nicht Dubai, wenn es nicht auch hier zahlreiche Varianten an Brunches gäbe. Von Familienmenüs über Themenbrunches bis hin zu Gourmetbuffets gibt es alles, was man sich wünscht.

In der traditionellen arabischen Küche Dubais bevorzugt man Lebensmittel libanesischer, ägyptischer oder jemenitischer Herkunft. Als Fleisch kommt traditionell Geflügel oder Lamm auf den Teller. Schweinefleisch findet man normalerweise nicht in der arabischen Küche, da es in den arabischen Ländern als unrein gilt. Die Küche Dubais bietet eine Vielfalt an Gemüsevariationen wie Fenchel, Mangold, Kürbis oder Kichererbsen, oft in Form von Gemüsepürees angerichtet. Gewürzt wird dies mit feinem Sesamöl. Dazu wird Basmati Reis, Fladenbrot oder Salat gereicht. Außerdem gibt es eine große Auswahl an frischem Fisch und Schalentieren aus dem

Persischen Golf und indischen Ozean. Am wichtigsten sind aber die vielen Gewürze wie Kardamom, Zimt, Pfeffer, oder Safran, die dem arabischen Essen den typischen Geschmack verleihen

Tipp: Statten Sie einem Imbiss auf der Straße einen Besuch ab und probieren Sie den Nationalimbiss Shawarma. Shawarma ist ein Fladenbrot gefüllt mit Fleisch und eingelegtem oder gegrillten Gemüse, verfeinert mit speziellen Saucen, zum Beispiel einer Sesampaste. Traditionell wird das Fladenbrot mit Lammfleisch gefüllt, man bekommt es aber auch mit Huhn oder Rind. Die vielen Gewürze und Saucen auf dem Gericht führen zu einer regelrechten Geschmacksexplosion – einfach nur lecker. Shawarma wird eigentlich überall verkauft. Die Stände in der Stadt sind auch sehr sauber und unterliegen einem hohen Hygienemaßstab. Diesbezüglich müssen Sie sich also keine Gedanken machen. Weitere landestypische Gerichte sind:

Hummus:
Kichererbsen püriert und mit Olivenöl, Zitronensaft, Salz und orientalischen Gewürzen abgeschmeckt.

Fattoush:
Frittiertes Fladenbrot mit einem libanesischen Salat.

Falafel:
Frittierte kleine Bällchen aus Kichererbsen oder Bohnen.

DAS SÜßE LEBEN DUBAIS

Nicht nur die arabischen Hauptspeisen mit ihren intensiven und orientalischen Gewürzen sind sehr lecker. Die traditionellen Nachspeisen sind ein weiteres Highlight der arabischen Küche und machen jede Naschkatze glücklich. Neben den typischen Datteln werden süße Teiggebäcke, verfeinert mit Nüssen, Honig oder Cremes serviert. Damit Ihnen beim Lesen schon die Spucke im Mund zusammenläuft, hier ein paar leckere Beispiele der typischen Nachspeisen:

Luqaimat
Frittierte Teigbällchen, die im Inneren weich und fluffig und außen lecker knusprig sind. Für einen einzigartigen Geschmack sorgen hierbei die mit eingearbeiteten Gewürze Kardamom und Safran. Serviert werden die Bällchen mit Dattelsirup und

Sesam. Übersetzt heißt diese Nachspeise übrigens „Happen".

Umm Ali

Übersetzt bedeutet dies „Alis Mutter" und kommt hauptsächlich zu Feierlichkeiten und Festtagen auf den Tisch. Hier wird Blätterteig mit Pistazien, Kokosflocken und gehackten Datteln abwechselnd in eine große Form geschichtet. Anschließend wird alles mit einem Gemisch aus Milch, Sahne und Zucker übergossen. Man lässt es einweichen und dann wird es überbacken.

Maamoul

Die Dattelkekse, gefüllt mit Dattelpaste und gehackten Nüssen, passen hervorragend zu dem starken arabischen Kaffee. Man bekommt sie auch in traditionellen arabischen Cafés.

Kunafa

Dieses Dessert gehört zu den beliebtesten der Region und ist auch in vielen Restaurants erhältlich. Es wird aus einer Schicht weißem milden Käse hergestellt, mit zerkleinerten Fadennudeln oben drauf. Sie sollten es am besten noch heiß, getränkt mit

Zuckersirup und eventuell einem Hauch Rosenwasser genießen.

Chebab

Eine bessere Variante des klassischen Pfannkuchens, verfeinert mit orientalischen Gewürzen wie Kurkuma, Kardamom oder Safran. Natürlich darf bei den leckeren goldbraunen Pfannkuchen der süße Dattelsirup nicht fehlen.

Assidat al-Boubar

Der leckere Kürbispudding ist ein weiterer Klassiker der emiratischen Küche. Er ist süß und doch auch irgendwie herzhaft. Hergestellt wird er aus Mehl, Zucker, Kardamom, Safran und aus Kürbis. Um das Ganze noch schmackhafter zu machen, wird der Pudding oftmals noch mit Rosenwasser oder Honig verfeinert. Genießen sollten Sie diese Süßspeise unbedingt warm und mit ein paar Nüssen oben drauf.

Baklava

Wenn Sie auf der Suche nach einem emiratischen Mitbringsel sind, ist dies als bekanntestes Dessert der Region sicher gut geeignet. Baklava wird aus einem Teig hergestellt, der mit Nüssen gefüllt und anschließend in Honig getränkt wird.

Tipp: Dubai hat eine Vielzahl von Konditoreien, die auf diese Süßspeise spezialisiert sind. Gehen Sie hinein und fragen Sie nach einer Kostprobe der kleinen Köstlichkeiten, um Ihren Lieben zu Hause ein kleines Stück Dubai in einer hübschen Geschenkschachtel mitbringen zu können.

RESTAURANT-TIPPS

Die meisten der Gourmettempel finden Sie in den luxuriösen 4- oder 5-Sterne-Hotels. Doch Sie müssen nicht nur in diesen hochpreisklassigen Restaurants speisen. Auch außerhalb der Hotels gibt es viele Leckereien zu entdecken, die wirklich für wenig Geld erhältlich sind, denn gutes Essen muss nicht zwangsläufig teuer sein. Man kann in Dubai für Essen 2 oder 200 Euro ausgeben, was abhängig vom Standard und der Art des Restaurants sowie dessen Lage ist.

Es wäre unmöglich die abertausenden wirklich guten Restaurants Dubais hier aufzulisten. Aber eine kleine Auswahl an Besonderheiten soll Ihnen nicht vorenthalten werden.

Ein tolles arabisches Restaurant mit romantischem Flair und liebevoll dekorierten

Räumlichkeiten ist das **Bastakiyah Nights**. Fackeln erleuchten im Dunkeln den Weg ins Innere des Restaurants, welches sich im historischen Windturmhaus im Bastakiya-Viertel, dem ehemaligen Händlerviertel, am Creek befindet. Serviert wird hier eine sehr gute authentische arabische Küche. Genießen Sie den Geruch orientalischer Gerichte, während Sie arabischen Tänzern zuschauen.

Fischliebhaber kommen in dem exquisiten Fischrestaurant **The Fish Market**, im 2. Stock des Radisson Blu Hotels, voll auf ihre Kosten. Mit einem einfachen aber erfolgreichen Rezept können Sie hier frischen Fisch aus dem Wok genießen. Langusten, Garnelen oder Haifischsteaks können Sie frisch aus der Theke selber auswählen, ebenso das gewünschte Gemüse als Beilage und auch die Art, wie Ihr Essen zubereitet werden soll: auf dem Grill, im Wok oder in der Pfanne. Bei einem tollen Blick auf das Meer und den Burj Al Arab warten Sie auf Ihre Bestellung.

Tipp: Genießen Sie vor dem Essen einen Aperitif in der der Marina Roof Deck Bar auf dem Dach. Von hier hat man einen tollen Ausblick.

Das **Bayt Al-Wakeel** Restaurant liegt in einem ehemaligen traditionellen Handelshaus, was 1995 neu restauriert wurde und mit traditioneller Architektur und doppelstöckigen Arkaden hervorsticht. Hier bekommt man Snacks und arabische Gerichte, unter anderem auch leckere Fischspeisen. Serviert wird auf einer hölzernen Terrasse, vielleicht die schönste von ganz Dubai. Allerdings ist das Restaurant nicht einfach zu finden. Wenn Sie zu dem Souk an den Abra-Stationen gehen (Bur Dubai Souk), finden Sie nach circa 30 Metern ein Schild mit „Bayt Al-Wakeel Restaurant. Etwas weiter geht ein kleiner Weg links zum Creek, wo Sie dann auch die hölzerne Terrasse des Restaurants sehen können.

Tipp: Wer ein besonderes romantisches Erlebnis möchte, sollte das Restaurant bei Sonnenuntergang aufsuchen. Hier versinkt der Creek in Millionen von Lichtern und der Ort verwandelt sich zu einem Märchen von 1001 Nacht.

Außerdem gibt es in Dubai sehr viele indisch-pakistanische und asiatische Restaurants, die sich durch Gastarbeiter aus Indien oder Asien dank des Baubooms hier etabliert haben. Viele dieser kleinen Restaurants findet man in Nebenstraßen oder kleinen Gassen und erscheinen durch ihre nicht sehr opulente Ansicht eher uneinladend.

Doch lassen Sie sich davon keinesfalls abschrecken, denn dahinter verbergen sich meist wahre Gaumenfreuden zum kleinen Preis. Hier speisen auch viele Einheimische. Auffällig ist, dass hier viel Wert auf Glaube und Tradition gelegt wird. Arabische Frauen speisen hier in getrennten Räumen. Zu wirklich günstigen Preisen zwischen drei und sechs Euro bekommt man hier traditionelles und frisch zubereitetes Essen in großen Portionen. Gespeist wird hier mit den Händen. Als Tourist bekommen Sie aber auch Messer und Gabel.

Tipp: Wenn Sie gerne eines dieser Restaurants besuchen möchten, so ist das Punjab Darbar Restaurant in Deira sehr zu empfehlen. Auch das Karachi Darbar bietet pakistanisch-indische Speisen zu niedrigen Preisen. Dieses Restaurant trumpft mit hervorragendem Essen und hat sich dadurch in Dubai bereits einen Namen gemacht. Unbedingt probieren sollten Sie hier den lecker-würzigen Hackfleisch-Linsen-Eintopf, Haleem genannt. Bei Einbruch der Dunkelheit werden die Tische auch im Freien hergerichtet und eingedeckt.

Die vielen Einwanderer haben auch die asiatische Küche mit nach Dubai gebracht. Thailändische, vietnamnesische und chinesische Küche ist hier sehr beliebt. Auch hier gilt: zwischen Straßenimbiss und Nobelrestaurant ist alles möglich. Empfehlenswert ist das Noodle-House in der Nähe der Dubai Fountains. Hier bekommt man für 15 Euro ein sehr leckeres Thai Curry oder gebratene Nudeln mit Gemüse und Rinderstreifen. Ein besonders gelobtes asiatisches Restaurant in Dubai ist das Thiptara im The Palace Downtown Dubai. Hier speisen Sie direkt am Wasser mit Blick auf den Burj Khalifa und die Dubai Fountains. Passend zur Location bedeutet der Name des Restaurants „Magie des Wassers". Gereicht wird hier thailändische Küche, die sich hauptsächlich auf Meeresfrüchte spezialisiert hat. Erstklassiger Service in toller Atmosphäre mit leckerem Essen machen den Aufenthalt zu einem besonderen Erlebnis.

Tipp: Seien Sie pünktlich, um einen tollen Platz auf der Terrasse zu ergattern.

SPARTIPPS:

Neben den zahlreichen Imbissen und den kleinen indisch-pakistanischen Restaurants gibt es noch ein paar weitere Geheimtipps, wie man in Dubai mit Low Budget zu leckerem Essen kommen kann.

Gegenüber dem Deira Palace Hotel befindet sich die Ashwaq Cafeteria. Hier bekommen Sie leckere Shawarma oder Sandwiches mit Hammel, Huhn oder Krabben für sehr wenig Geld.

Günstig und lecker sind auch die zahlreichen Food-Courts, die sich in den Shopping-Malls befinden. Hier bekommt man Speisen aus aller Welt. Von lateinamerikanischen über asiatische Speisen, bis hin zu Fisch, Fast Food oder vegetarischen Restaurants, es bleibt kein Wunsch offen. Hier heißt es: Restaurant aussuchen, Speisekarte studieren und direkt an der Theke bestellen.

Ein ganz besonderer Spartipp, den vermutlich auch nicht viele kennen, ist die App „The Entertainer Dubai". Diese App bietet Gutscheine in Form von circa 3.700 Vergünstigungen und 2-für-1-Angeboten. Natürlich hat diese App mit ca. 115 Euro auch ihren Preis, lohnt sich aber in jedem Fall. Und je länger das Jahr vorangeschritten ist, desto günstiger

58|DUBAI ALS TOURIST ENTDECKEN

bekommt man die App. Mit dieser App bekommt man zahlreiche Vergünstigungen in Restaurants und Preisnachlässe bei einigen der bekanntesten Attraktionen Dubais. Oftmals hat man das Geld bei dem Besuch von zwei Attraktionen oder Sehenswürdigkeiten wieder raus. Besonders lohnenswert sind die „Kaufe zwei, zahle eins"-Angebote, die sich oft in der Kategorie Restaurants einreihen. Man kann sich hiermit also auch mal ein Essen in einem gehobeneren Restaurant leisten.

Dubai mit Kindern

Wer glaubt, Dubai hätte nichts für Familien mit Kindern zu bieten, der täuscht. Dubai ist der reinste Abenteuerspielplatz und hat neben Sonne, Strand und Meer auch für kleine Gäste jede Menge Unglaublichkeiten zu bieten. Außerdem sind die Emirati auch sehr kinderfreundlich und sind im Umgang mit Kindern sehr herzlich. In den Malls gibt es beispielsweise überall große Spielbereiche und in den Restaurants stehen Kinderstühle und spezielle Kinderangebote zur Verfügung. Vielfältige Angebote und Aktivitäten bieten Spaß und Abwechslung für jedes Alter.

iFly Dubai

Wer Lust auf Skydiving hat, der sollte das iFly, eine Indoor-Skydiving-Halle besuchen. Ein Windtunnel befördert Sie hier in eine Höhe von bis zu vier Metern.

Air Maniax

Suchen Sie Action, dürfen Sie Dubais neuesten Indoor-Freizeitpark nicht verpassen. Der Park ist eingeteilt in verschiedene Spielzonen und bietet Spaß für die ganze Familie.

Strandclub JA Palm Tree Court

Ein Ausflug für Familien zum Privatstrand des Jebel Ali Golf Resort & SPA lohnt sich. Besuchen Sie den im klaren Meer schwimmenden Wasserpark Wibit. Er besteht komplett aus aufblasbaren Wegen mit Rutschen, Trampolinen und anderen Spielgeräten. Außerdem können die Kinder auch die Kinderclubs nutzen und sich in den Planschbecken abkühlen. Auch die Eltern kommen hier nicht zu kurz. Genießen Sie den Tag bei Mini-Golf, Pferde- und Kamelreiten, Krocket, Tischtennis, Wasserpolo und Boccia.

Freizeitparks

Wer gerne Spaß im Freizeitpark hat, der ist in Dubai genau richtig. Hier erblühen Kinderherzen. Und in Dubai gibt es natürlich nicht nur einen Freizeitpark, nein es gibt unzählige. Es gibt das Legoland Dubai und den Legoland Waterpark, den Filmpark Motionagate Dubai, den Bollywood Park Dubai oder den IMG Worlds of Adventure. Alle bieten super Attraktionen und Fahrgeschäfte oder lassen Cartoon-Filmhelden lebendig werden.

Wild Wadi Park und Aquaventure

Ein Wasserpark der Superlative und einer der besten in ganz Dubai ist der Wild Wadi Wasserpark. Der Park befindet sich in nächster Nähe zum Burj Al Arab und hält Fahrgeschäfte, Rutschen und Attraktionen für jedes Alter bereit.

Der Wasserpark Aquaventure gehört zum Hotel Atlantis The Palm und hat einiges an spektakulären Attraktionen zu bieten. Es gibt eine lange Seilrutsche und gigantische Rutschen. Besonders die „Leap of Faith" ist nur was für ganz mutige Wasserratten. Die Rutsche ist komplett geschlossen und durchsichtig und rasant geht es mit hoher Geschwindigkeit vorbei an Haien und Rochen. Die Rutsche heißt übersetzt übrigens „Sprung des Vertrauens".

WAS KOSTET EIN STÄDTETRIP NACH DUBAI?

Dubai ist eine Weltmetropole und eine Stadt mit sehr viel Luxus und außergewöhnlichen Sehenswürdigkeiten, die es so nirgendwo anders auf der Welt gibt. Daher ist Dubai natürlich nicht unbedingt das günstigste Urlaubsdomizil. Je nach dem, was man vorhat, und was man gerne sehen möchte, sollte man pro Tag und Person ca. 100-150 Euro einplanen.

Bei der Planung der Tage ist es wichtig, genau zu überlegen, was man gerne alles sehen und erleben möchte und dann zu schauen, welche Gebiete und Attraktionen nahe beisammen liegen, um den Tag effizient zu nutzen. Es kann auch sinnvoll sein, Tickets bereits vorab zu buchen, um diesen Stress vor Ort zu sparen. Wichtig ist auch, sich über die Transportwege zu informieren und zu überlegen, mit welchem Transportmittel man sein Ziel am besten erreicht. Es gibt in den Hotels und Unterkünften meist Fahrpläne und Infos, die für Touristen sehr hilfreich sind.

BESONDERE EVENTS IN DUBAI

In Dubai wird es niemals langweilig, auch nicht was Veranstaltungen betrifft. In dieser Stadt gibt es tagtäglich verschiedene Events und Feierlichkeiten. Monat für Monat aber auch jährlich finden in der schillernden Luxus Metropole wiederkehrende Events und Feste statt. Den Startschuss zu Beginn des Jahres gibt das Dubai Shopping Festival, gefolgt von dem Dubai Food Festival und der Art Dubai. Im Frühjahr finden das Al Marmoom Heritage Festival, die Middle East Film&Comic Con und der heilige Fastenmonat Ramadan statt. Auch im Sommer geht es weiter mit vielen Festen. Freuen Sie sich auf die Dubai Summer Surprises und vor allem die Feierlichkeiten zum Eid al Adha, dem Opferfest.

Herbstlich geht es weiter mit der Fashion Forward Show, die besonders Modefans begeistern wird. Beendet wird das ereignisreiche Jahr mit dem Nationalfeiertag der Vereinigten Arabischen Emirate am 02.12. Ein ganz besonderes und großes

Ereignis steht Dubai in 2020 bevor: die EXPO 2020. Schon jetzt fiebert die ganze Stadt diesem Ereignis entgegen.

„COOLE" TIPPS WENN'S ZU HEISS IST

Sonne satt das ganze Jahr. Wer an heißen Tagen in Dubai eine Abkühlung sucht, wird auch diesbezüglich fündig. Höher, schneller, besser, dieses Motto gilt auch für eine der coolsten und extravagantesten Bars in ganz Dubai, die **Chillout Ice Bar**.

Die eiskalte Bar ist definitiv ein Erlebnis und verspricht Abkühlung. Nicht nur die Bar selbst, sondern auch das ganze Inventar wie Teller, Besteck, Tische und Sessel, besteht aus Eis. Nicht zuletzt die fruchtigen und bunten Cocktails bringen Farbe in die glitzernde Eiswelt, sondern auch die Lichter, die das Eis atemberaubend in Szene setzen. In der Bar herrschen gerade mal -6 Grad Celsius. Damit man nicht friert, sitzt man auf dicken Fellen und bekommt am Eingang kuschelige Kapuzenparkas, Wollmützen und Handschuhe sowie Socken und Stiefel gereicht. Abkühlung findet man auch in den zahlreichen

Malls, die natürlich klimatisiert sind und so bei unerträglicher Hitze draußen, im Inneren zum Shoppen einladen.

Im Erdgeschoss der Dubai Mall befindet sich ein weiteres kühles Erlebnis, das **Dubai Aquarium** und der **Underwater Zoo.** Hier gibt es die weltweit größte Sammlung an Sandhaien. 33.000 Meerestiere haben hier ihren Wohnraum gefunden. Marschieren Sie durch den großen Unterwassertunnel und bestaunen Sie die Tiere selber.

SICHERHEIT IN DUBAI

Eins gleich vorab: Dubai ist eines der sichersten Reiseziele weltweit. Die Kriminalrate ist in Dubai und auch in den anderen Emiraten sehr niedrig und Straftaten oder Gewaltverbrechen sind sehr selten und werden hart bestraft. Das ist natürlich trotzdem keine Garantie und Sie sollten auf jeden Fall auf der Hut vor Langfingern sein. Besonders in den lebhaften Souks und am Strand sollten Sie auf Ihre Wertsachen achten. Am Pool sollten Sie gut auf Ihre Zimmerkarte aufpassen. Verhalten Sie sich einfach so, wie Sie es in Deutschland auch tun würden. Auch wenn man als Frau alleine in Dubai unterwegs ist, hat man nichts zu befürchten. Dennoch sollten Sich darüber im Klaren sein, dass in Dubai andere Sitten und Wertvorstellungen herrschen, welche Sie respektieren sollten. Achten Sie deshalb darauf, dass Sie sich nicht zu freizügig kleiden.

Tipp: Sollte Ihnen doch mal ein Mann zu nah kommen, können Sie sich mit einem lauten „La!" Abstand verschaffen. Es ist das arabische Wort für „Nein".

Wichtige Verhaltensregeln und was Sie besser vermeiden sollten

Oberste Priorität ist es, die Gepflogenheiten anderer Länder zu beachten und zu respektieren. Dies gilt auch für Dubai. Das vom Islam geprägte Dubai ist zwar ein sehr weltoffenes Land und toleriert viele Ansichten und Verhaltensweisen anderer Kulturen, dennoch sollten Sie darauf achten, dass Sie **passend gekleidet** sind. Es ist zum Beispiel verboten, den Badebereich in Badekleidung zu verlassen und so in die Öffentlichkeit zu gehen. Für Nacktbaden oder oben ohne gibt es sogar Gefängnisstrafen. Arme und Beine sollten immer bedeckt sein, egal wohin Sie gehen. Auch der **Konsum von Alkohol** ist in Dubai verpönt.

Für Moslems ist der Genuss von Alkohol grundsätzlich verboten, doch auch hier zeigt sich die Stadt sehr offen und tolerant. Es ist deshalb kein Problem, sich in einem Restaurant oder im Hotel einen Drink zu genehmigen. Sie sollten keinen Alkohol auf offener Straße trinken und schon gar nicht alkoholisiert irgendwo auffallen. Auch hierfür gibt es in Dubai Verhaftungen und Gefängnisstrafen.

Keinesfalls sollten Sie **Drogen** mit in das Land einführen oder konsumieren. Ansonsten riskieren Sie hier sehr viel. Drogenkonsum wird hart bestraft und schon bei kleinsten Mengen landet man im Gefängnis.

Wenn Sie in ein **Restaurant** gehen, suchen Sie sich nicht selber einfach einen Tisch aus und marschieren hin. Dies gilt als unhöflich und ist nicht gerne gesehen. Lassen Sie sich einen Tisch zuweisen. Natürlich können Sie dem Kellner Ihren Wunschtisch zeigen, er wird Sie dann zu diesem begleiten.

Auch wenn die Preise während des **Ramadans** sehr günstig sind, ist es nicht zu empfehlen, während dieser Zeit nach Dubai zu reisen. Das Leben ist dort dann sehr eingeschränkt. Viele Restaurants und Geschäfte öffnen ihre Pforten erst abends nach

Sonnenuntergang und Essen und Trinken gibt es auch erst nach Einbruch der Dunkelheit. Ein Besuch zu dieser Zeit wird keinen richtigen Spaß machen.

Sie sollten besser nicht auf die Idee kommen, mit einem Mietwagen auf eigene Faust die **Wüste** zu erkunden. Auch wenn der Sand flach und fest erscheint, können Sie darunter liegende Löcher als Tourist nicht erkennen und fahren sich fest.

Zusammenfassung

DUBAI – EINE STADT VOLLER MÖGLICHKEITEN UND LUXUS

Dubai ist und bleibt eine Stadt der Superlative. Von einem kleinen Fischerort hat sich Dubai über die Jahre zur Megacity entwickelt. Egal ob höchster Wolkenkratzer der Welt, größter Wasserpark, pompösestes Hotel oder größte von Menschenhand geschaffene Insel, in der Glitzerstadt gibt es nichts, was es nicht gibt. Dubai begeistert mit spektakulären Attraktionen und Luxus, wie man ihn sonst nirgendwo anders auf dieser Welt sieht. Keine andere Stadt verändert sich so schnell wie Dubai. Immer wieder sprießen neue unglaubliche Sehenswürdigkeiten aus dem Erdboden hervor. Doch nicht nur die Stadt selbst hat einiges zu bieten, auch das Wetter macht Dubai zu einem tollen Urlaubsort, denn hier gibt es Sonne satt das ganze Jahr. Die Lage am Meer macht Dubai deshalb auch noch zu einem Badeparadies.

Alles in allem ist Dubai ein Märchen aus 1001 Nacht, was Sie selber erlebt haben müssen, um es zu glauben.

Packliste

Geld & Finanzen

O (evtl.) Auslandswährung

O Bargeld

O Bauchtasche

O Brustbeutel

O Bauchtasche

O EC-Karte

O Kreditkarte

O Notfall-Telefonnummern der Banken

O Portmonee

Hygiene

O Haarbürste / Kamm

O Deo (klein)

O Shampoo

O Kulturtasche

O Sonnencreme

O Taschentücher

O Reise-Zahnbürste und Zahnpasta
O Verhütungsmittel

Kleidung

O Badeklamotten
O Gürtel
O Hosen kurz / lang
O Mütze / Cap / Hut
O Pullover
O Regenjacke
O Schlafanzug
O Socken
O Sonnenbrille
O Sportklamotten / Jogginghose
O T-Shirts
O Unterwäsche

Medikamente

O Blasenpflaster
O Anti-Durchfalltabletten
O Erste-Hilfe-Set

O Fiebertabletten

O Fiebertabletten

O Mückenschutz

O sonstige Medikamente

O Pflaster

O Kopfschmerztabletten

Unterlagen & Papiere

O ADAC Unterlagen

O Adresslisten für Postkarten

O Krankversicherungsnachweis

O Stadtplan

O Führerschein

O Unterlagen für die Unterkunft

O Wasserdichte Hülle für Reiseunterlagen

O Impfausweis

O Mietwagenunterlagen

O Personalausweis

O Reisepass

O Reisetagebuch

O evtl. Studentenausweis

O evtl. Visum
O Zug- / Bahn- / Flugticket

Taschen & Rucksäcke

O Koffer / Trolley / Reisetasche
O Regenhülle für Rucksack
O Rucksack

Schuhe

O Badeschlappen / Hausschuhe
O Schuhe und Wechselschuhe

Sonstiges

O Brille / Kontaktlinsen und Etui
O Buch zum Lesen
O Ohrenstöpsel und Schlafmaske
O Regenschirm
O Reisedecke
O Wasserflasche
O Wörterbuch

Elektronik

O Digitalkamera
O Handy
O Ladekabel
O Kopfhörer
O evtl. Steckdosenadapter
O Power-Bank

Herstellung und Verlag:
BoD – Books on Demand, Norderstedt
ISBN: 9783752892437

1. Auflage

Kontakt: Psiana eCom UG/ Berumer Str. 44/ 26844 Jemgum
Covergestaltung: Fenna Larsson
Coverfoto: depositphotos.com